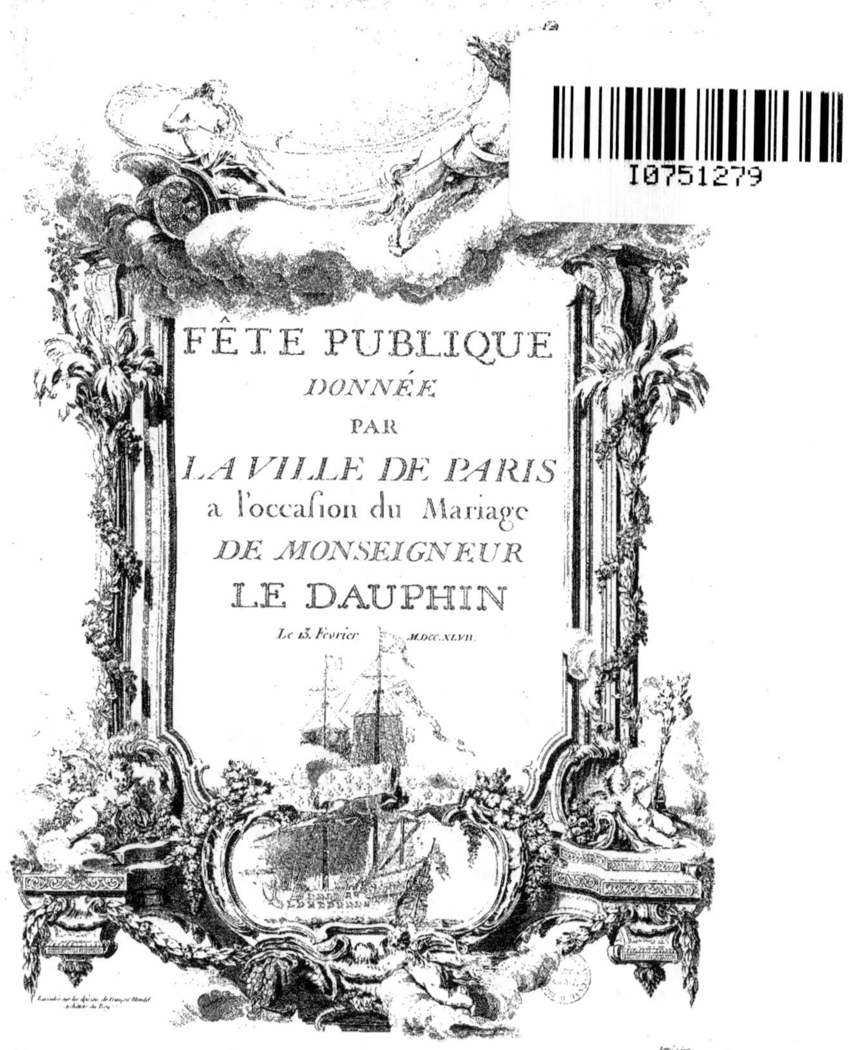
FÊTE PUBLIQUE
DONNÉE
PAR
LA VILLE DE PARIS
a l'occasion du Mariage
DE MONSEIGNEUR
LE DAUPHIN
Le 13. Fevrier M.DCC.XLVII.

ALLEGORIE DU FRONTISPICE
Pour le Mariage
DE MONSEIGNEUR LE DAUPHIN
avec la Princesse
MARIE-JOSEPHE DE SAXE

La France & la Saxe apuiées de la main droite sur l'Autel de l'Himenée attendent avec une satisfaction mutuelle l'instant qui doit conclure leur Alliance.

Junon sur des nuës tient les Portraits en médaillons du PRINCE, *& de la* PRINCESSE *unis par une Guirlande de fleurs sans fin.*

Minerve regarde les Portraits avec complaisance, et couvre de son Egide celui de Monseigneur le DAUPHIN.

Le Dieu de l'Himenée reçoit de Junon l'ordre de célébrer cet Auguste Mariage; il répand sur son Autel des Fleurs, gages de la félicité des deux Epoux: un Enfant les demande à la France avec un empressement qui exprime les voeux ardens des Peuples, pour voir perpétuer la race de leurs Souverains.

Dans l'éloignement on aperçoit la vuë principale de Paris, et la Statuë Equestre d'Henry-quatre, au dessus de la quelle s'élève un Arc-en-Ciel, simbole du bonheur dont jouit la France sous le Régne des Bourbons.

Les Génies des deux Nations tiennent des Palmes et des Lauriers; les uns sont auprès des Armes de France, et les autres portent l'Ecusson couronné aux Armes de Saxe et de Pologne; ils semblent vouloir faire une seule Guirlande et marquer l'Union de la Gloire des deux Couronnes.

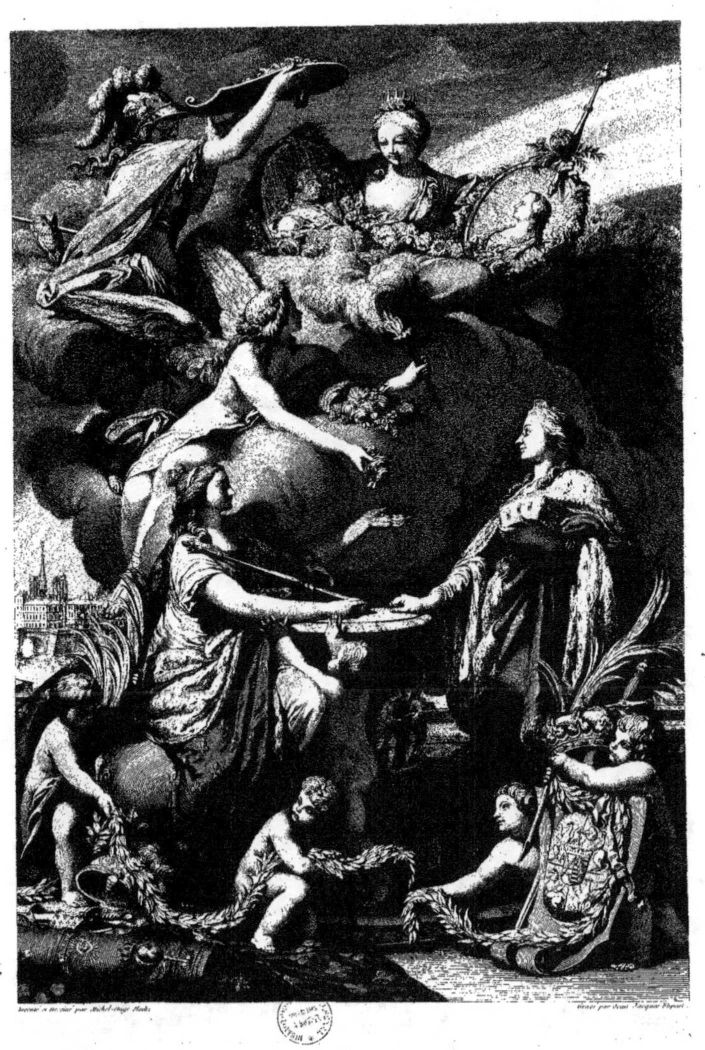

Inventé et dessiné par Michel-Ange Slodtz — *Gravé par Jean Jacques Flipart.*

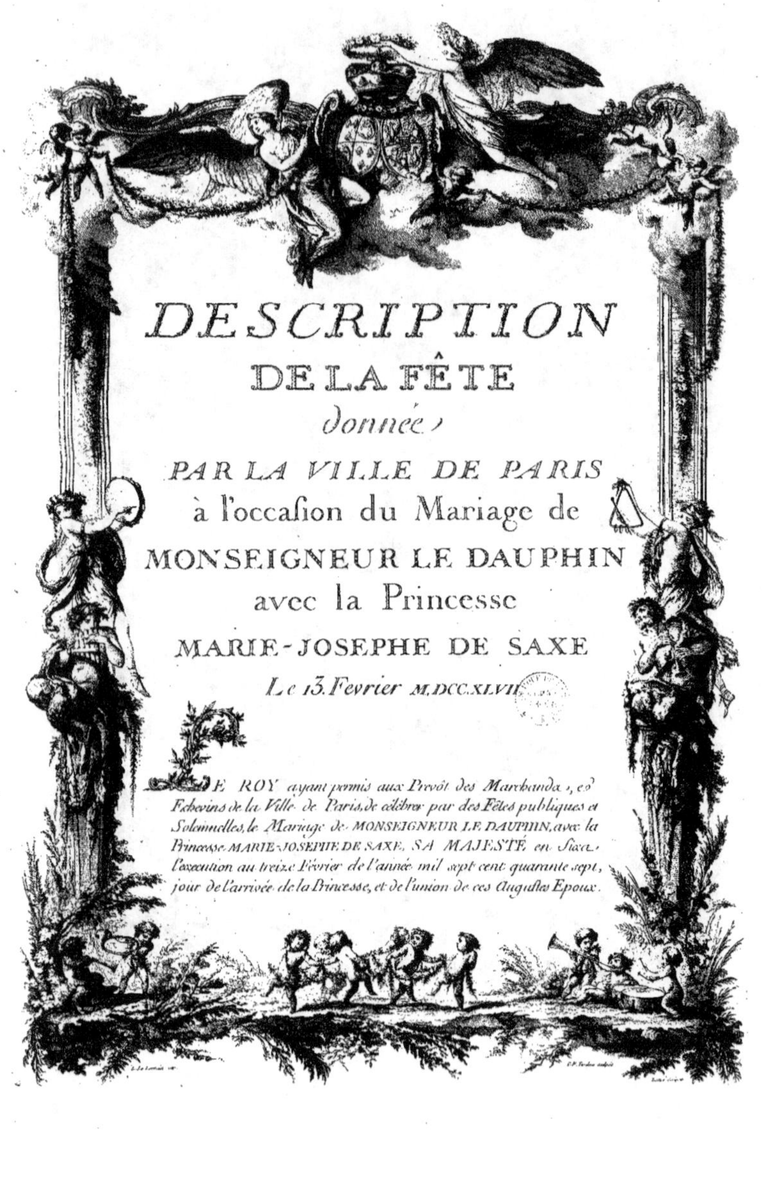

DESCRIPTION
DE LA FÊTE
donnée
PAR LA VILLE DE PARIS
à l'occasion du Mariage de
MONSEIGNEUR LE DAUPHIN
avec la Princesse
MARIE-JOSEPHE DE SAXE
Le 13. Fevrier M.DCC.XLVII.

LE ROY ayant permis aux Prevôt des Marchands, et Echevins de la Ville de Paris, de célébrer par des Fêtes publiques et Solemnelles, le Mariage de MONSEIGNEUR LE DAUPHIN, avec la Princesse MARIE-JOSEPHE DE SAXE, SA MAJESTÉ en fixa l'execution au treize Février de l'année mil sept cent quarante sept, jour de l'arrivée de la Princesse, et de l'union de ces Augustes Epoux.

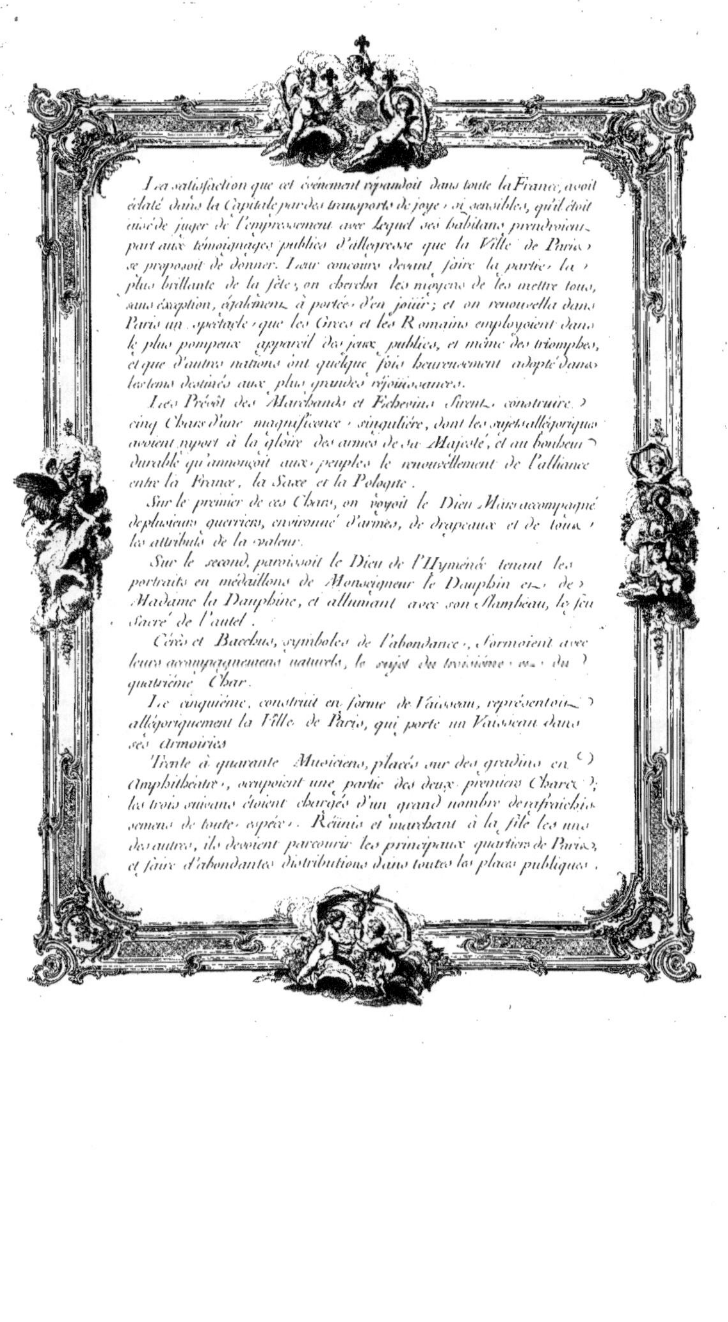

La satisfaction que cet événement répandoit dans toute la France, avoit éclaté dans la Capitale par des transports de joye si sensibles, qu'il étoit aisé de juger de l'empressement avec lequel ses habitans prendroient part aux témoignages publics d'allegresse que la Ville de Paris se proposoit de donner. Leur concours devant faire la partie la plus brillante de la fête, on chercha les moyens de les mettre tous, sans exception, également à portée d'en jouïr; et on renouvella dans Paris un spectacle que les Grecs et les Romains employoient dans le plus pompeux appareil des jeux publics, et même des triomphes, et que d'autres nations ont quelque fois heureusement adopté dans les tems destinés aux plus grandes réjoüissances.

Les Prévôt des Marchands et Echevins firent construire cinq Chars d'une magnificence singulière, dont les sujets allégoriques avoient raport à la gloire des armes de sa Majesté, et au bonheur durable qu'annonçoit aux peuples le renouvellement de l'alliance entre la France, la Saxe et la Pologne.

Sur le premier de ces Chars, on voyoit le Dieu Mars accompagné de plusieurs guerriers, environné d'armes, de drapeaux et de tous les attributs de la valeur.

Sur le second, paroissoit le Dieu de l'Hyménée tenant les portraits en médaillons de Monseigneur le Dauphin et de Madame la Dauphine, et allumant avec son flambeau, le feu sacré de l'autel.

Cérès et Bacchus, symboles de l'abondance, formoient avec leurs accompagnemens naturels, le sujet du troisième et du quatrième Char.

Le cinquième, construit en forme de Vaisseau, représentoit allégoriquement la Ville de Paris, qui porte un Vaisseau dans ses Armoiries

Trente à quarante Musiciens, placés sur des gradins en Amphithéatre, occupoient une partie des deux premiers Chars; les trois suivans étoient chargés d'un grand nombre de rafraichissemens de toute espèce. Réünis et marchant à la file les uns des autres, ils devoient parcourir les principaux quartiers de Paris, et faire d'abondantes distributions dans toutes les places publiques.

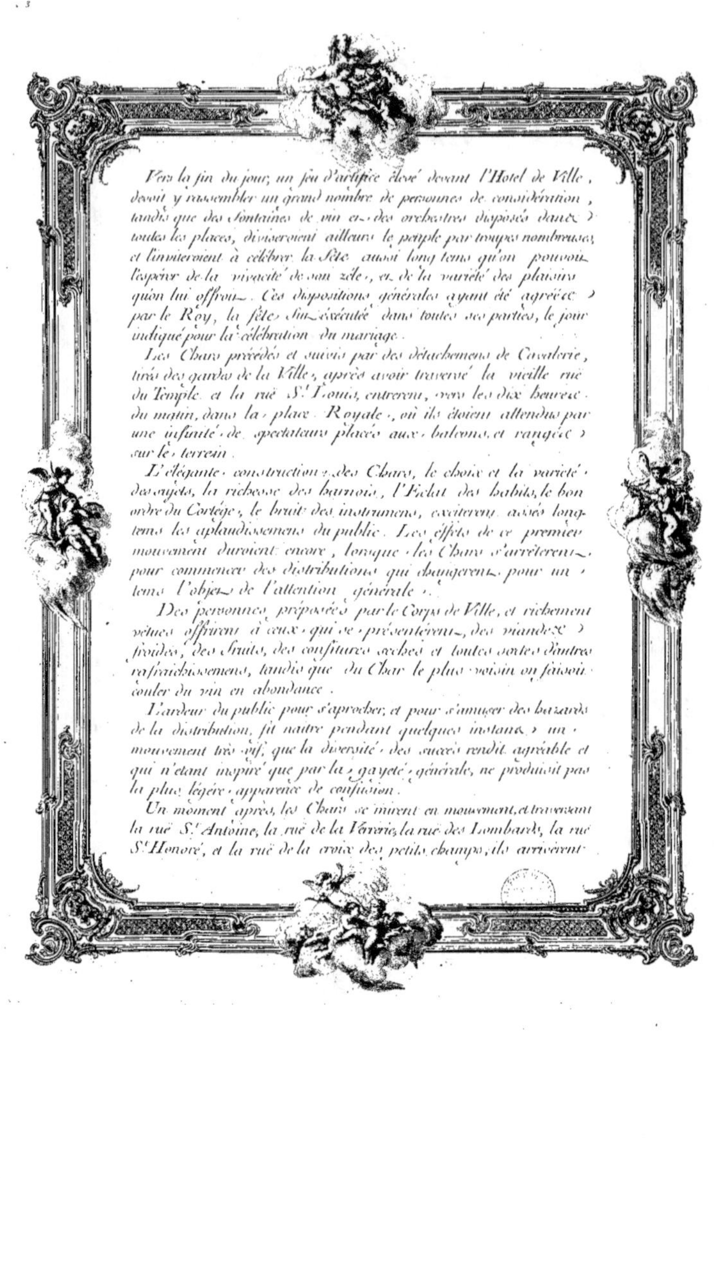

Vers la fin du jour, un feu d'artifice élevé devant l'Hotel de Ville, devoit y rassembler un grand nombre de personnes de considération, tandis que des fontaines de vin et des orchestres disposés dans toutes les places, diviseroient ailleurs le peuple par troupes nombreuses, et l'inviteroient à célébrer la fête aussi long tems qu'on pouvoit l'espérer de la vivacité de son zéle, et de la variété des plaisirs qu'on lui offroit. Ces dispositions générales ayant été agréées par le Roy, la fête fut éxécutée dans toutes ses parties, le jour indiqué pour la célébration du mariage.

Les Chars précédés et suivis par des détachemens de Cavalerie, tirés des gardes de la Ville, après avoir traversé la vieille rue du Temple et la rue S.t Louis, entrerent, vers les dix heures du matin, dans la place Royale, où ils étoient attendus par une infinité de spectateurs placés aux balcons, et rangés sur le terrein.

L'élégante construction des Chars, le choix et la variété des sujets, la richesse des harnois, l'Eclat des habits, le bon ordre du Cortége, le bruit des instrumens, exciterent assés long-tems les aplaudissemens du public. Les effets de ce premier mouvement duroient encore, lorsque les Chars s'arrêterent pour commencer des distributions qui changerent pour un tems l'objet de l'attention générale.

Des personnes préposées par le Corps de Ville, et richement vêtues offrirent à ceux qui se présenterent, des viandes froides, des fruits, des confitures seches et toutes sortes d'autres rafraichissemens, tandis que du Char le plus voisin on faisoit couler du vin en abondance.

L'ardeur du public pour s'aprocher, et pour s'amuser des hazards de la distribution, fit naitre pendant quelques instans un mouvement très vif, que la diversité des succès rendit agréable et qui n'etant inspiré que par la gayeté générale, ne produisit pas la plus légére apparence de confusion.

Un moment après, les Chars se mirent en mouvement, et traversant la rue S.t Antoine, la rue de la Verrerie, la rue des Lombards, la rue S.t Honoré, et la rue de la croix des petits champs, ils arrivérent

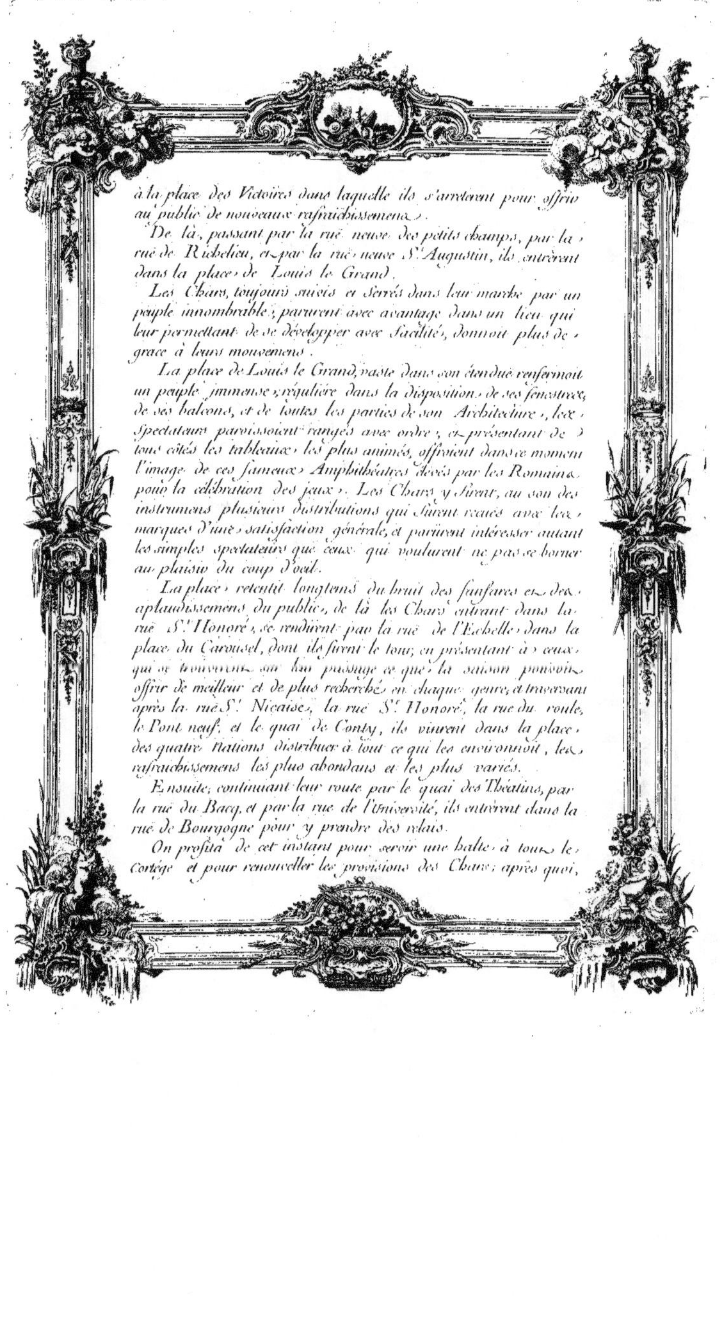

à la place des Victoires dans laquelle ils s'arrêterent pour offrir au public de nouveaux rafraîchissemens.

De là, passant par la rue neuve des petits champs, par la rue de Richelieu, et par la rue neuve S.t Augustin, ils entrèrent dans la place de Louis le Grand.

Les Chars, toujours suivis et serrés dans leur marche par un peuple innombrable, parurent avec avantage dans un lieu qui leur permettant de se développer avec facilité, donnoit plus de grace à leurs mouvemens.

La place de Louis le Grand, vaste dans son étendue renfermoit un peuple immense; réguliere dans la disposition de ses fenestres, de ses balcons, et de toutes les parties de son Architecture, les Spectateurs paroissoient rangés avec ordre, et présentant de tous côtés les tableaux les plus animés, offroient dans ce moment l'image de ces fameux Amphithéatres élevés par les Romains pour la célébration des jeux. Les Chars y firent, au son des instrumens plusieurs distributions qui furent reçuës avec les marques d'une satisfaction générale, et parurent intéresser autant les simples spectateurs que ceux qui voulurent ne pas se borner au plaisir du coup d'oeil.

La place retentit longtems du bruit des fanfares et des aplaudissemens du public, de là les Chars entrant dans la rue S.t Honoré, se rendirent par la rue de l'Echelle dans la place du Carousel, dont ils firent le tour, en présentant à ceux qui se trouverent sur leur passage ce que la saison pouvoit offrir de meilleur et de plus recherché en chaque genre, et traversant après la rue S.t Nicaise, la rue S.t Honoré, la rue du roule, le Pont neuf, et le quai de Conty, ils vinrent dans la place des quatre Nations distribuer à tout ce qui les environnoit, les rafraîchissemens les plus abondans et les plus variés.

Ensuite, continuant leur route par le quai des Théatins, par la rue du Bacq, et par la rue de l'Université, ils entrèrent dans la rue de Bourgogne pour y prendre des relais.

On profita de cet instant pour servir une halte à tout le Cortége et pour renouveller les provisions des Chars; après quoi,

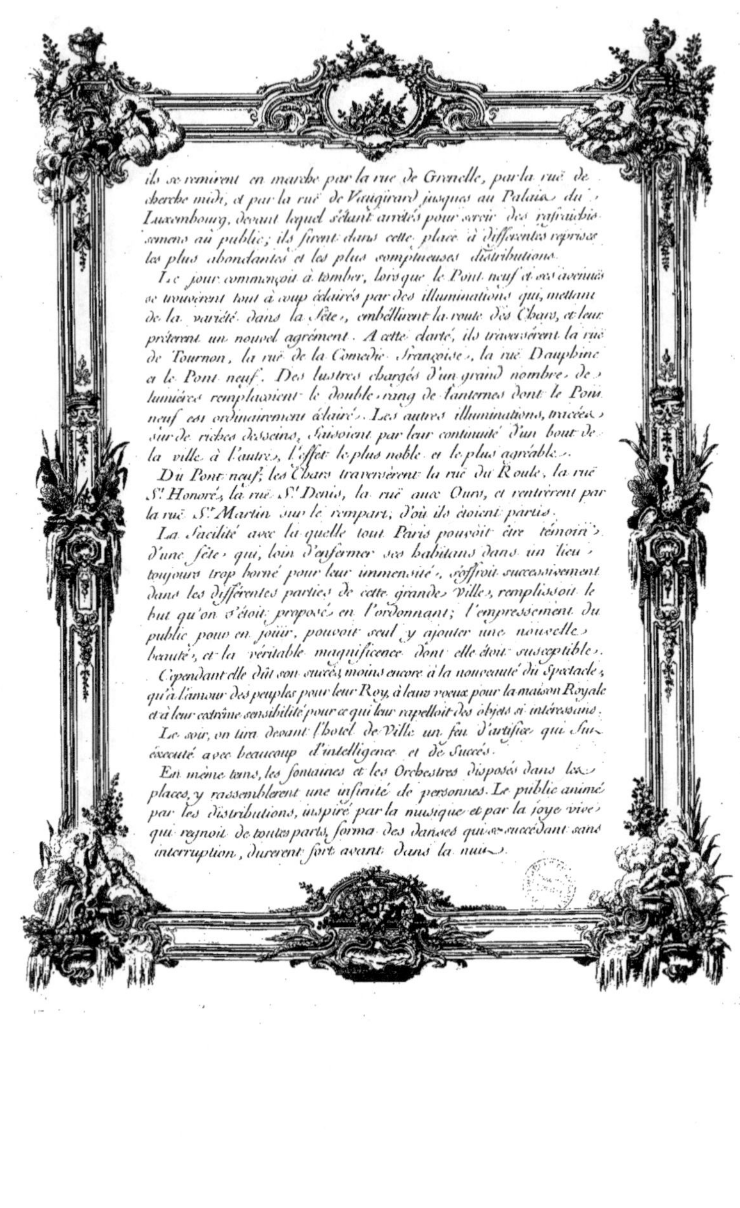

ils se remirent en marche par la ruë de Grenelle, par la ruë de cherche midi, et par la ruë de Vaugirard jusques au Palais du Luxembourg, devant lequel s'étant arrêtés pour servir des rafraichissemens au public; ils firent dans cette place à differentes reprises les plus abondantes et les plus somptueuses distributions.

Le jour commençoit à tomber, lorsque le Pont neuf et ses avenuës se trouverent tout à coup éclairés par des illuminations qui, mettant de la variété dans la Fête, embellirent la route des Chars, et leur préterent un nouvel agrément. A cette clarté, ils traverserent la ruë de Tournon, la ruë de la Comedie Françoise, la ruë Dauphine et le Pont neuf. Des lustres chargés d'un grand nombre de lumiéres remplaçoient le double rang de lanternes dont le Pont neuf est ordinairement éclairé. Les autres illuminations, tracées sur de riches desseins, faisoient par leur continuité d'un bout de la ville à l'autre, l'effet le plus noble et le plus agréable.

Du Pont neuf, les Chars traverserent la ruë du Roule, la ruë S.t Honoré, la ruë S.t Denis, la ruë aux Ours, et rentrerent par la ruë S.t Martin sur le rempart, d'où ils étoient partis.

La facilité avec la quelle tout Paris pouvoit être témoin d'une fête qui, loin d'enfermer ses habitans dans un lieu toujours trop borné pour leur immensité, s'offroit successivement dans les différentes parties de cette grande Ville, remplissoit le but qu'on s'étoit proposé en l'ordonnant; l'empressement du public pour en joüir, pouvoit seul y ajouter une nouvelle beauté, et la véritable magnificence dont elle étoit susceptible.

Cependant elle dût son succés moins encore à la nouveauté du Spectacle, qu'à l'amour des peuples pour leur Roy, à leurs voeux pour la maison Royale et à leur extrême sensibilité pour ce qui leur rapelloit des objets si intéressans.

Le soir, on tira devant l'hotel de Ville un feu d'artifice qui fut éxecuté avec beaucoup d'intelligence et de succés.

En même tems, les fontaines et les Orchestres disposés dans les places, y rassemblerent une infinité de personnes. Le public animé par les distributions, inspiré par la musique et par la joye vive qui regnoit de toutes parts, forma des danses qui se succédant sans interruption, durerent fort avant dans la nuit.

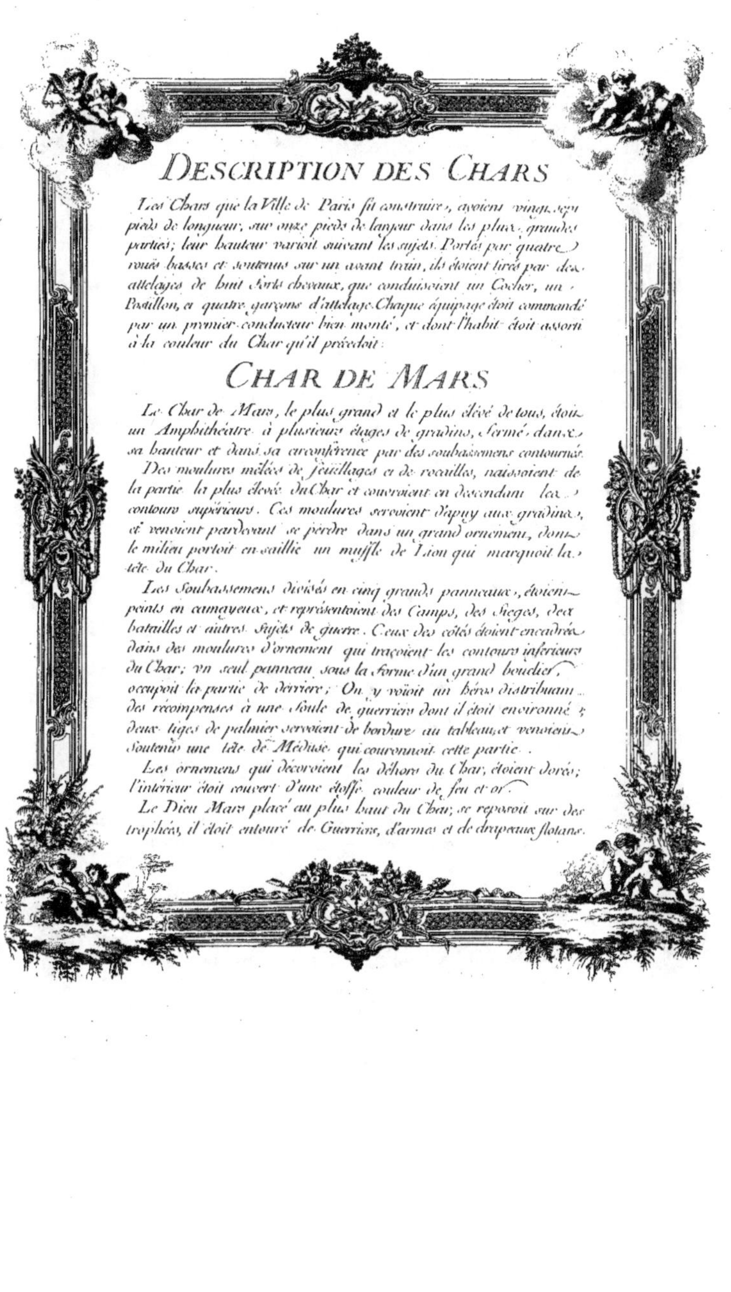

DESCRIPTION DES CHARS

Les Chars que la Ville de Paris fit construire, avoient vingt sept pieds de longueur, sur onze pieds de largeur dans les plus grandes parties; leur hauteur varioit suivant les sujets. Portés par quatre roües basses et soutenus sur un avant train, ils étoient tirés par des attelages de huit forts chevaux, que conduisoient un Cocher, un Postillon, et quatre garçons d'attelage. Chaque équipage étoit commandé par un premier conducteur bien monté, et dont l'habit étoit assorti à la couleur du Char qu'il précedoit.

CHAR DE MARS

Le Char de Mars, le plus grand et le plus élévé de tous, étoit un Amphithéatre à plusieurs étages de gradins, fermé dans sa hauteur et dans sa circonférence par des soubassemens contournés. Des moulures mêlées de feüillages et de rocailles, naissoient de la partie la plus élevée du Char et couvroient en descendant les contours supérieurs. Ces moulures servoient d'apuy aux gradins, et venoient pardevant se perdre dans un grand ornement, dont le milieu portoit en saillie un muffle de Lion qui marquoit la tête du Char.

Les Soubassemens divisés en cinq grands panneaux, étoient peints en camayeux, et représentoient des Camps, des Sieges, des batailles et autres sujets de guerre. Ceux des côtés étoient encadrés dans des moulures d'ornement qui traçoient les contours inferieurs du Char; un seul panneau sous la forme d'un grand bouclier, occupoit la partie de derriere; On y voïoit un héros distribuant des récompenses à une foule de guerriers dont il étoit environné; deux tiges de palmier servoient de bordure au tableau, et venoient soutenir une tête de Méduse qui couronnoit cette partie.

Les ornemens qui décoroient les déhors du Char, étoient dorés; l'intérieur étoit couvert d'une étoffe couleur de feu et or.

Le Dieu Mars placé au plus haut du Char, se reposoit sur des trophées, il étoit entouré de Guerriers, d'armes et de drapeaux flotans.

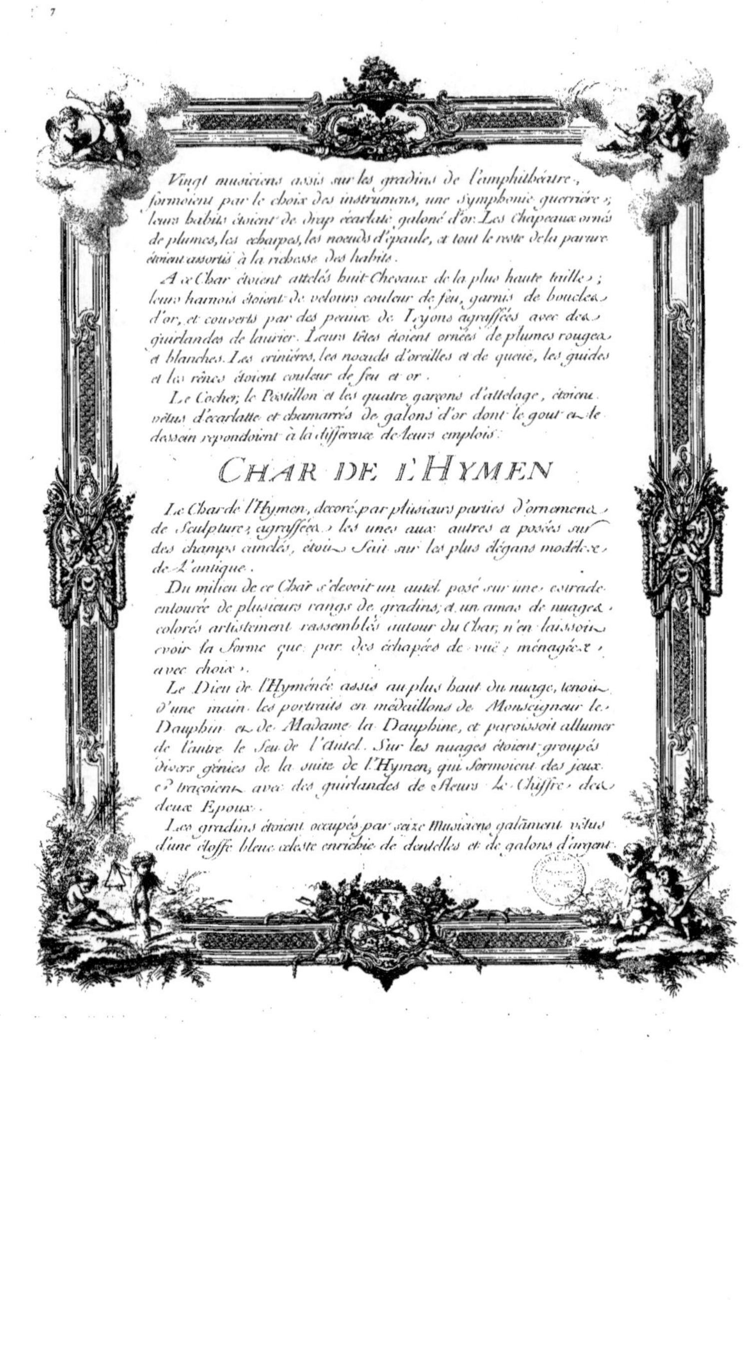

Vingt musiciens assis sur les gradins de l'amphithéatre, formoient par le choix des instrumens, une Symphonie guerrière; leurs habits étoient de drap écarlate galoné d'or. Les Chapeaux ornés de plumes, les echarpes, les noeuds d'epaule, et tout le reste de la parure étoient assortis à la richesse des habits.

A ce Char étoient attelés huit Chevaux de la plus haute taille; leurs harnois étoient de velours couleur de feu, garnis de boucles d'or, et couverts par des peaux de Lyons agraffées avec des guirlandes de laurier. Leurs têtes étoient ornées de plumes rouges et blanches. Les crinières, les noeuds d'oreilles et de queüe, les guides et les rênes étoient couleur de feu et or.

Le Cocher, le Postillon et les quatre garçons d'attelage, étoient vêtus d'ecarlatte et chamarrés de galons d'or dont le gout et le dessein repondoient à la différence de leurs emplois.

CHAR DE L'HYMEN

Le Char de l'Hymen, decoré par plusieurs parties d'ornemens de Sculpture, agraffées les unes aux autres et posées sur des champs cannelés, étoit fait sur les plus élégans modèles de l'antique.

Du milieu de ce Char s'élevoit un autel posé sur une estrade entourée de plusieurs rangs de gradins; et un amas de nuages colorés artistement rassemblés autour du Char, n'en laissoit voir la forme que par des échapées de vuë, ménagées avec choix.

Le Dieu de l'Hyménée assis au plus haut du nuage, tenoit d'une main les portraits en médaillons de Monseigneur le Dauphin et de Madame la Dauphine, et paroissoit allumer de l'autre le feu de l'Autel. Sur les nuages étoient groupés divers génies de la suite de l'Hymen, qui formoient des jeux et traçoient avec des guirlandes de fleurs le Chiffre des deux Epoux.

Les gradins étoient occupés par seize Musiciens galamment vêtus d'une étoffe bleue celeste enrichie de dentelles et de galons d'argent.

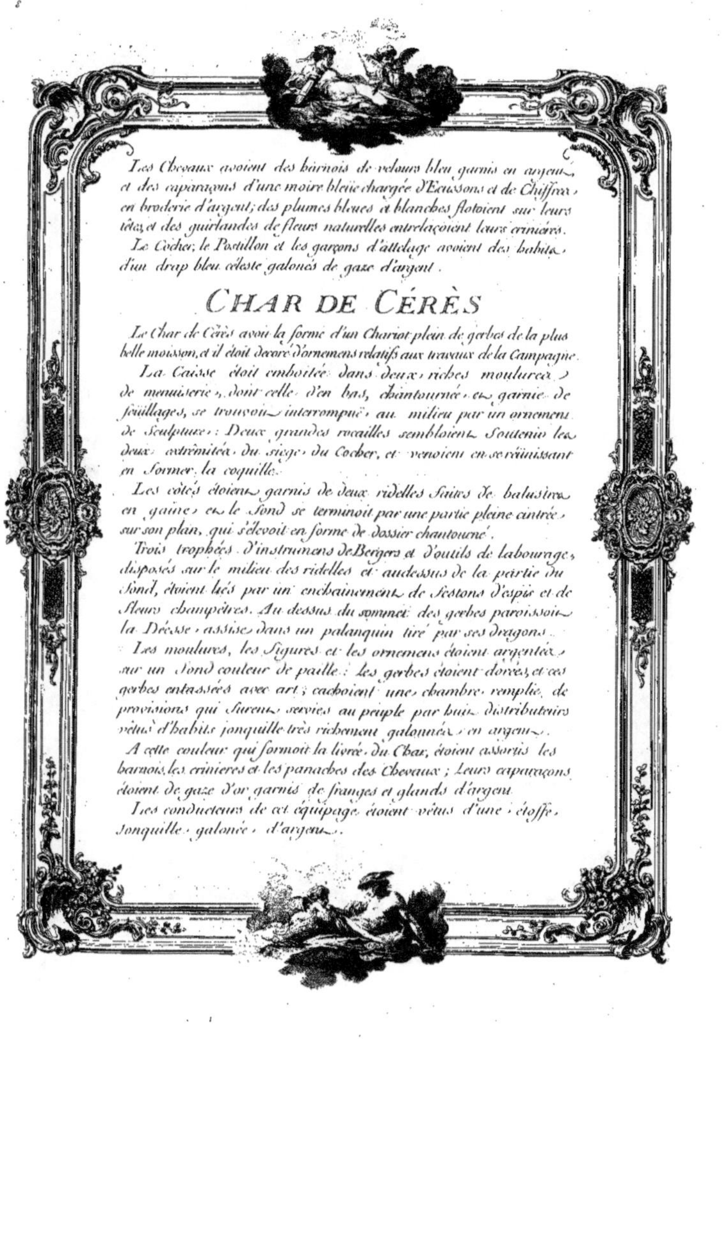

Les Chevaux avoient des harnois de velours bleu garnis en argent, et des caparaçons d'une moire bleüe chargée d'Ecussons et de Chiffres, en broderie d'argent; des plumes bleues et blanches flotoient sur leurs têtes, et des guirlandes de fleurs naturelles entrelaçoient leurs crinieres.

Le Cocher, le Postillon et les garçons d'attelage avoient des habits d'un drap bleu céleste galonés de gaze d'argent.

CHAR DE CÉRÈS

Le Char de Cérès avoit la forme d'un Chariot plein de gerbes de la plus belle moisson, et il étoit decoré d'ornemens relatifs aux travaux de la Campagne.

La Caisse étoit emboitée dans deux riches moulures de menuiserie, dont celle d'en bas, chantournée et garnie de feüillages, se trouvoit interrompuë au milieu par un ornement de Sculpture: Deux grandes rocailles sembloient soutenir les deux extrêmités du siege du Cocher, et venoient en se réünissant en former la coquille.

Les côtés étoient garnis de deux ridelles faites de balustres en gaine, et le fond se terminoit par une partie pleine cintrée sur son plan, qui s'élevoit en forme de dossier chantourné.

Trois trophées d'instrumens de Bergers et d'outils de labourage, disposés sur le milieu des ridelles et audessus de la partie du fond, étoient liés par un enchainement de festons d'espis et de fleurs champêtres. Au dessus du sommet des gerbes paroissoit la Déesse, assise dans un palanquin tiré par ses dragons.

Les moulures, les figures et les ornemens étoient argentés sur un fond couleur de paille: les gerbes étoient dorées, et ces gerbes entassées avec art, cachoient une chambre remplie de provisions qui furent servies au peuple par huit distributeurs vêtus d'habits jonquille très richement galonnés en argent.

A cette couleur qui formoit la livrée du Char, étoient assortis les harnois, les crinieres et les panaches des Chevaux; Leurs caparaçons étoient de gaze d'or garnis de franges et glands d'argent.

Les conducteurs de cet équipage étoient vêtus d'une étoffe jonquille galonée d'argent.

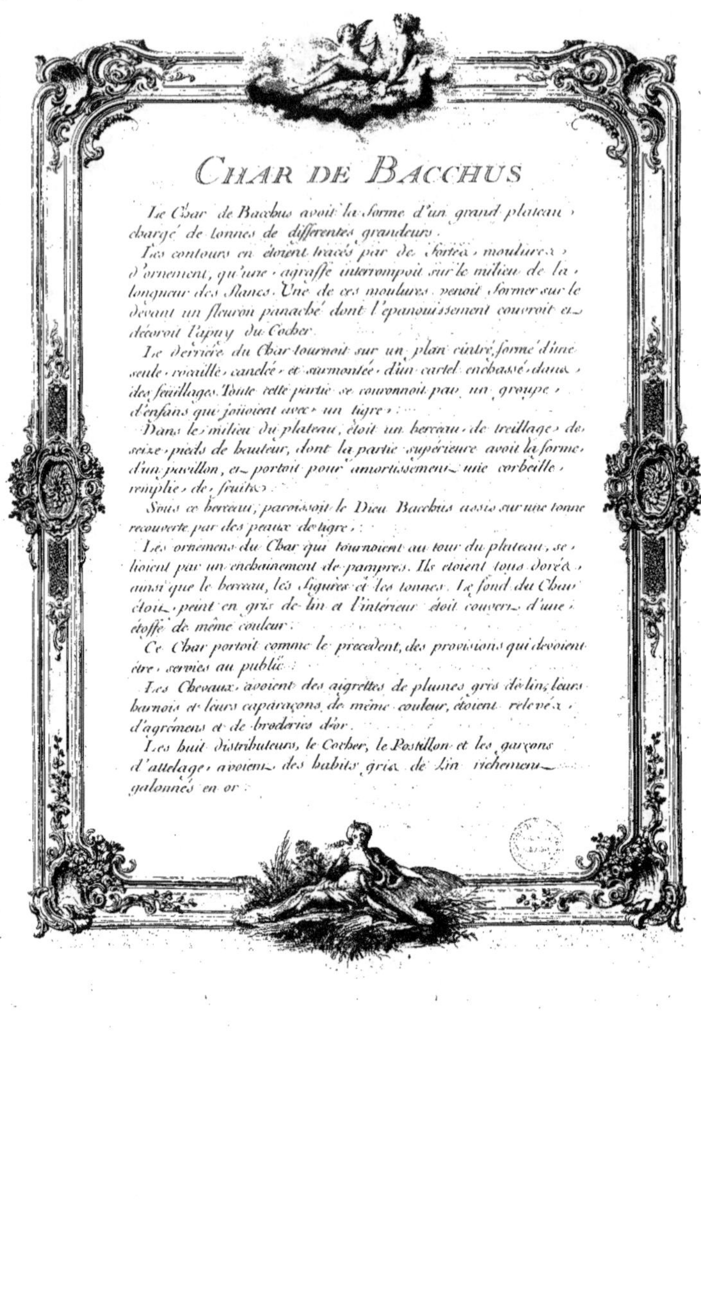

CHAR DE BACCHUS

Le Char de Bacchus avoit la forme d'un grand plateau chargé de tonnes de differentes grandeurs.

Les contours en étoient tracés par de fortes moulures d'ornement, qu'une agraffe interrompoit sur le milieu de la longueur des flancs. Une de ces moulures venoit former sur le devant un fleuron panaché dont l'epanouissement couvroit et décoroit l'apuy du Cocher.

Le derriére du Char tournoit sur un plan cintré, formé d'une seule rocaille, canelée et surmontée d'un cartel enchassé dans des feuillages. Toute cette partie se couronnoit par un groupe d'enfans qui joüoient avec un tigre.

Dans le milieu du plateau, étoit un berceau de treillage de seize pieds de hauteur, dont la partie supérieure avoit la forme d'un pavillon, et portoit pour amortissement une corbeille remplie de fruits.

Sous ce berceau, paroissoit le Dieu Bacchus assis sur une tonne recouverte par des peaux de tigre.

Les ornemens du Char qui tournoient au tour du plateau, se lioient par un enchainement de pampres. Ils étoient tous dorés ainsi que le berceau, les figures et les tonnes. Le fond du Char étoit peint en gris de lin et l'intérieur étoit couvert d'une étoffe de même couleur.

Ce Char portoit comme le precedent, des provisions qui devoient être servies au public.

Les Chevaux avoient des aigrettes de plumes gris de lin; leurs harnois et leurs caparaçons de même couleur, étoient relevés d'agrémens et de broderies d'or.

Les huit distributeurs, le Cocher, le Postillon et les garçons d'attelage avoient des habits gris de lin richement galonnés en or.

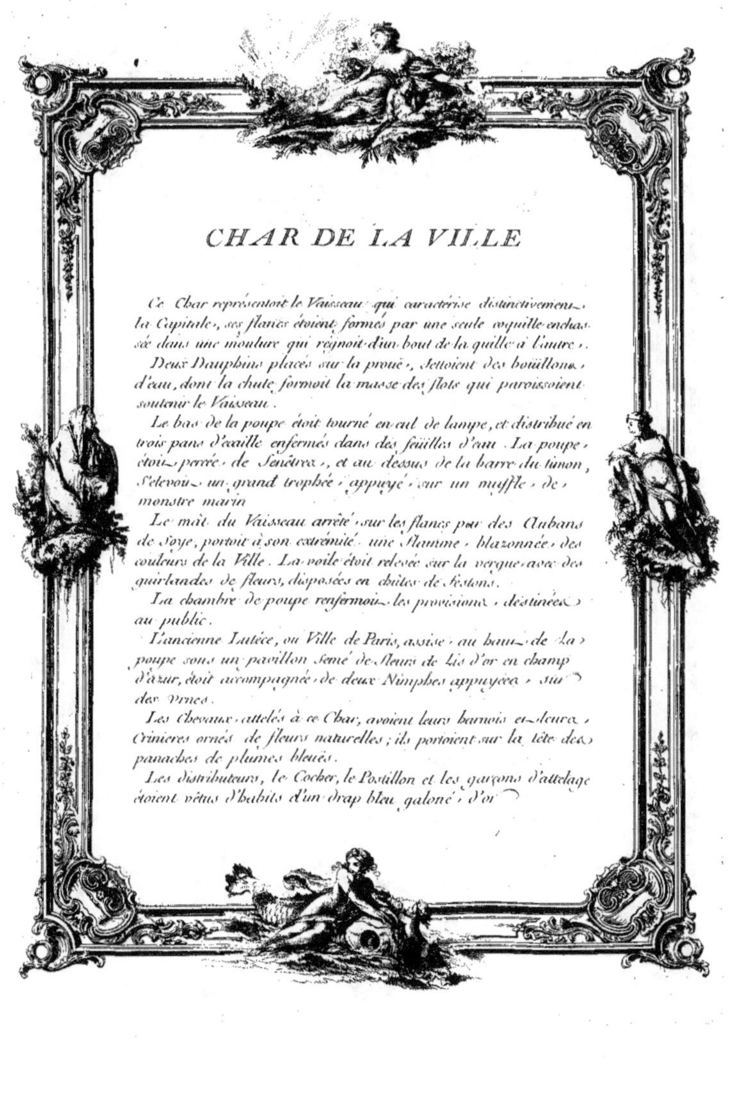

CHAR DE LA VILLE

Ce Char représentoit le Vaisseau qui caractérise distinctivement la Capitale, ses flancs étoient formés par une seule coquille enchassée dans une moulure qui régnoit d'un bout de la quille à l'autre.

Deux Dauphins placés sur la prouë, Jettoient des boüillons d'eau, dont la chute formoit la masse des flots qui paroissoient soutenir le Vaisseau.

Le bas de la poupe étoit tourné en cul de lampe, et distribué en trois pans d'ecaille enfermés dans des feüilles d'eau. La poupe étoit percée de fenêtres, et au dessus de la barre du timon, s'elevoit un grand trophée appuyé sur un muffle de monstre marin

Le mât du Vaisseau arrêté sur les flancs par des Haubans de Soye, portoit à son extrémité une flamme blazonnée des couleurs de la Ville. La voile étoit relevée sur la vergue avec des guirlandes de fleurs, disposées en chûtes de festons.

La chambre de poupe renfermoit les provisions destinées au public.

L'ancienne Lutéce, ou Ville de Paris, assise au haut de la poupe sous un pavillon semé de fleurs de Lis d'or en champ d'azur, étoit accompagnée de deux Nimphes appuyées sur des Vrnes.

Les Chevaux attelés à ce Char, avoient leurs harnois et leurs Crinieres ornés de fleurs naturelles ; ils portoient sur la tête des panaches de plumes bleuës.

Les distributeurs, le Cocher, le Postillon et les garçons d'attelage étoient vêtus d'habits d'un drap bleu galoné d'or

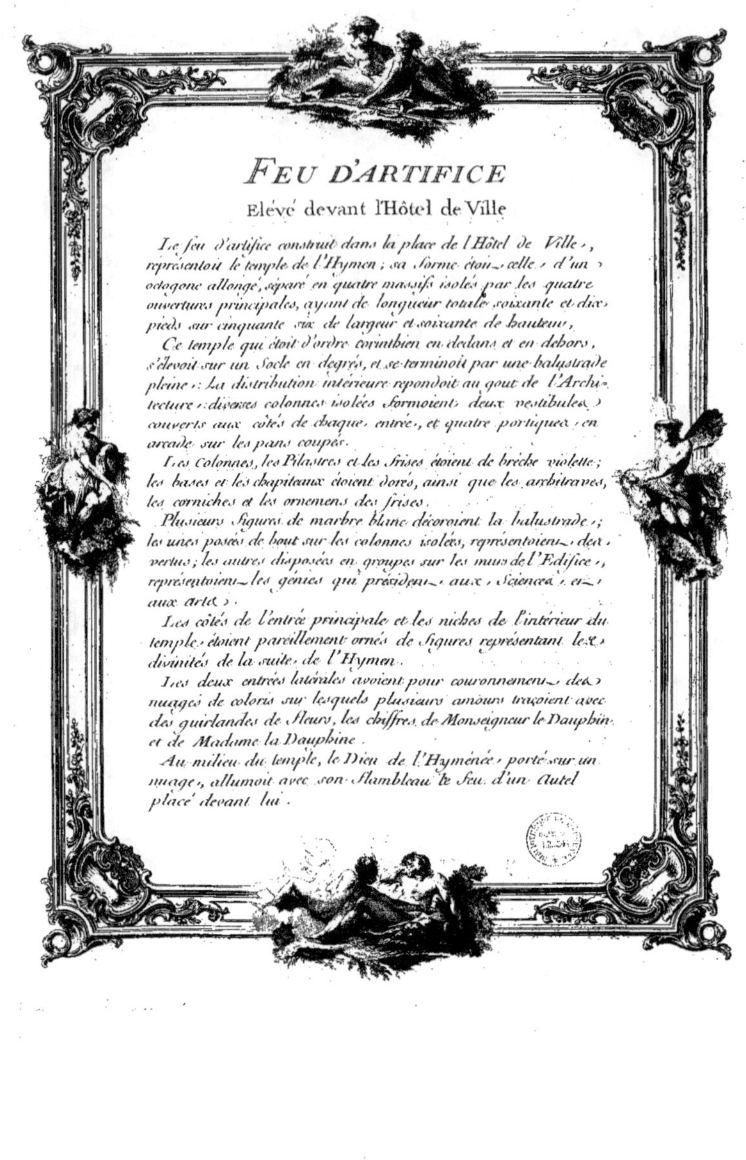

FEU D'ARTIFICE

Elevé devant l'Hôtel de Ville

Le feu d'artifice construit dans la place de l'Hôtel de Ville, représentoit le temple de l'Hymen ; sa forme étoit celle d'un octogone allongé, séparé en quatre massifs isolés par les quatre ouvertures principales, ayant de longueur totale soixante et dix pieds sur cinquante six de largeur et soixante de hauteur,

Ce temple qui étoit d'ordre corinthien en dedans et en dehors, s'élevoit sur un Socle en degrés, et se terminoit par une balustrade pleine : La distribution intérieure repondoit au gout de l'Architecture : diverses colonnes isolées formoient deux vestibules couverts aux côtés de chaque entrée, et quatre portiques en arcade sur les pans coupés.

Les Colonnes, les Pilastres et les frises étoient de brèche violette; les bases et les chapiteaux étoient dorés, ainsi que les architraves, les corniches et les ornemens des frises.

Plusieurs figures de marbre blanc décoroient la balustrade; les unes posées de bout sur les colonnes isolées, représentoient des vertus; les autres disposées en groupes sur les murs de l'Edifice, représentoient les génies qui présidenr aux Sciences et aux arts.

Les côtés de l'entrée principale et les niches de l'intérieur du temple étoient pareillement ornés de figures représentant les divinités de la suite de l'Hymen.

Les deux entrées latérales avoient pour couronnement des nuages de coloris sur lesquels plusieurs amours traçoient avec des guirlandes de fleurs, les chiffres de Monseigneur le Dauphin et de Madame la Dauphine.

Au milieu du temple, le Dieu de l'Hyménée porté sur un nuage, allumoit avec son flambleau le feu d'un Autel placé devant lui.

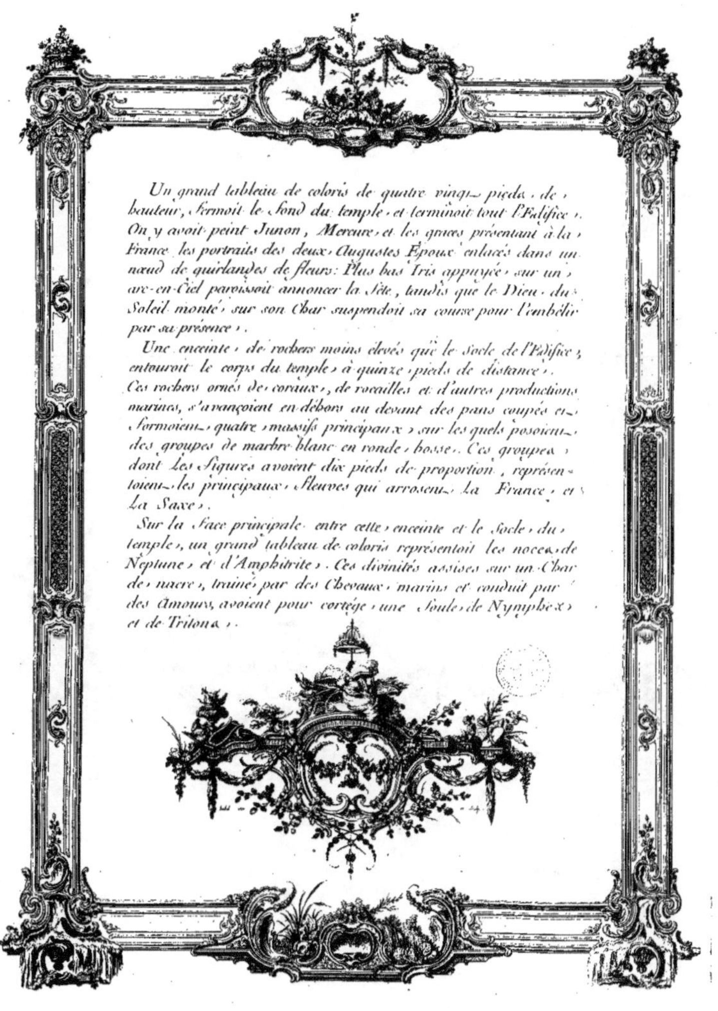

Un grand tableau de coloris de quatre vingt pieds de hauteur, fermoit le fond du temple et terminoit tout l'Edifice. On y avoit peint Junon, Mercure, et les graces présentant à la France les portraits des deux Augustes Epoux enlacés dans un nœud de guirlandes de fleurs: Plus bas Iris appuyée sur un arc-en-Ciel paroissoit annoncer la fête, tandis que le Dieu du Soleil monté sur son Char suspendoit sa course pour l'embélir par sa présence.

Une enceinte de rochers moins elevés que le Socle de l'Edifice, entouroit le corps du temple à quinze pieds de distance. Ces rochers ornés de coraux, de rocailles et d'autres productions marines, s'avançoient en débors au devant des pans coupés et formoient quatre massifs principaux sur les quels posoient des groupes de marbre blanc en ronde bosse. Ces groupes dont les figures avoient dix pieds de proportion, représentoient les principaux fleuves qui arrosent la France et la Saxe.

Sur la face principale entre cette enceinte et le Socle du temple, un grand tableau de coloris représentoit les noces de Neptune et d'Amphitrite. Ces divinités assises sur un Char de nacre, trainé par des Chevaux marins et conduit par des Amours, avoient pour cortége une foule de Nymphes et de Tritons.

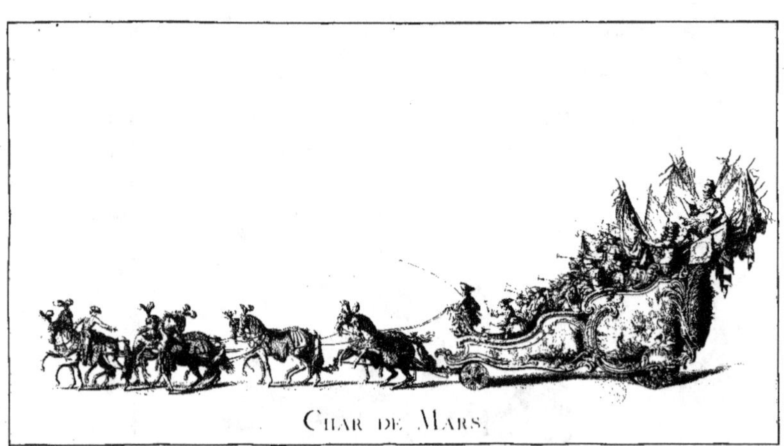

CHAR DE MARS.

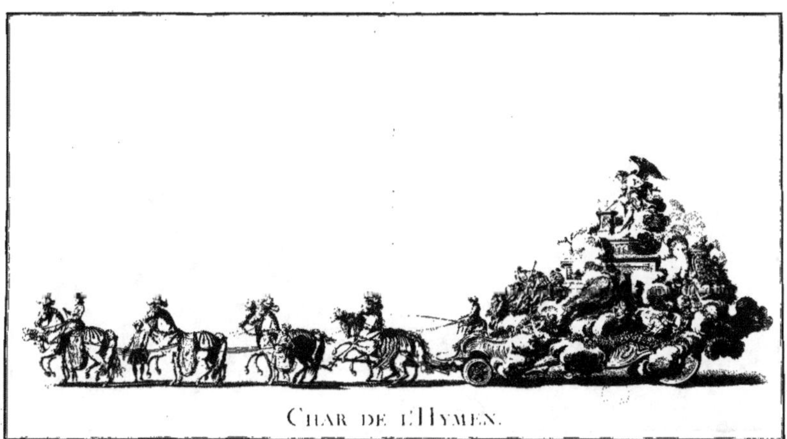

CHAR DE L'HYMEN.

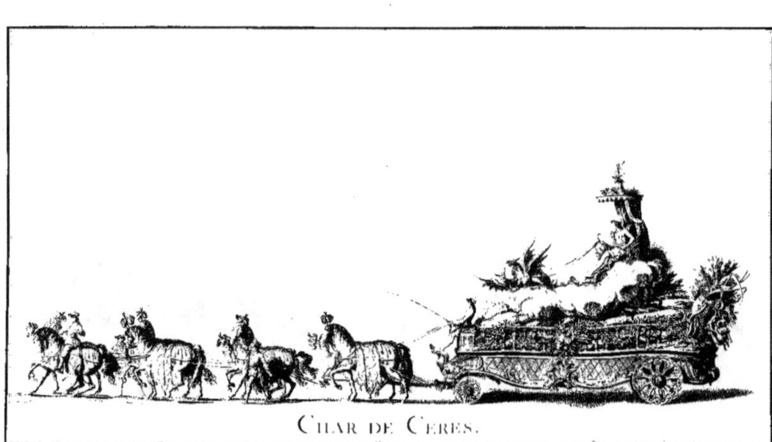

Char de Ceres.

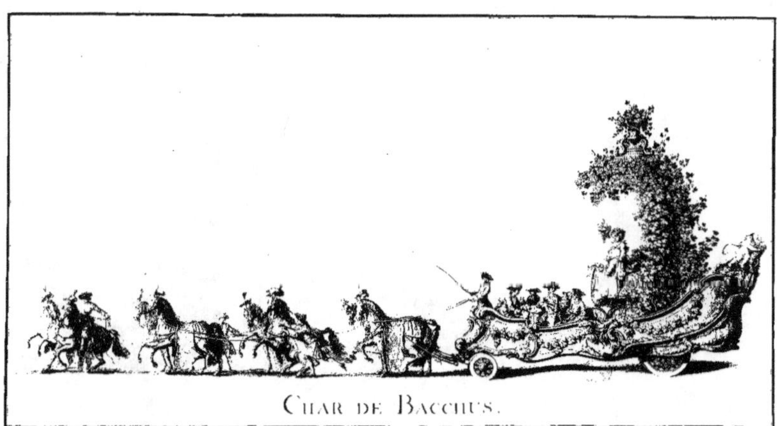

CHAR DE BACCHUS.

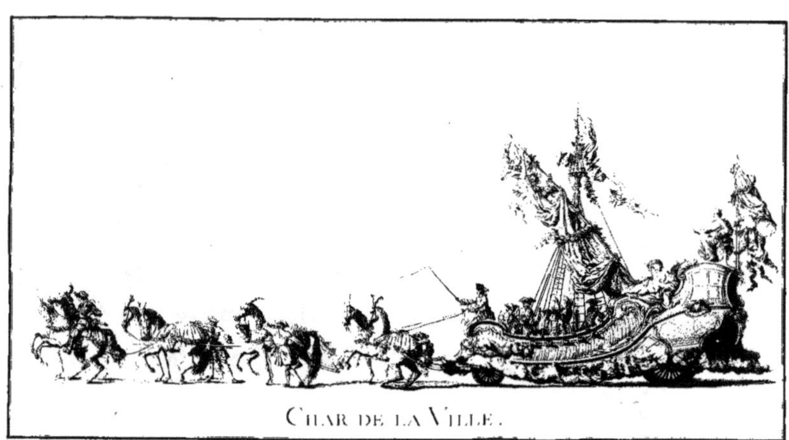

CHAR DE LA VILLE.

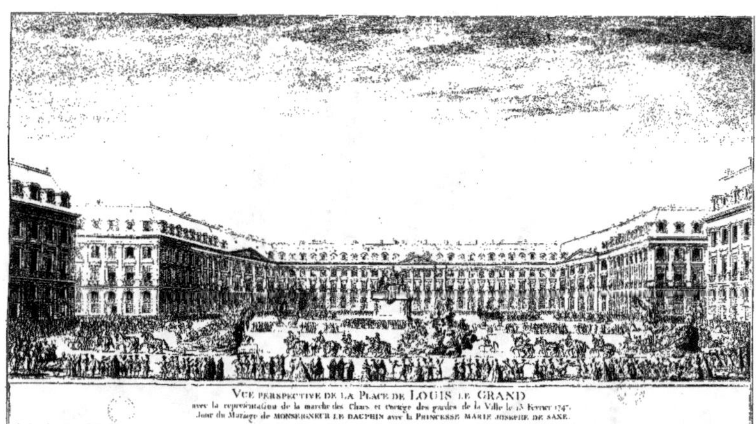

VUE PERSPECTIVE DE LA PLACE DE LOUIS LE GRAND
avec la représentation de la marche des Chars et Cortège des gardes de la Ville le 13 Fevrier 1747.
Jour du Mariage de MONSEIGNEUR LE DAUPHIN avec la PRINCESSE MARIE JOSEPHE DE SAXE.

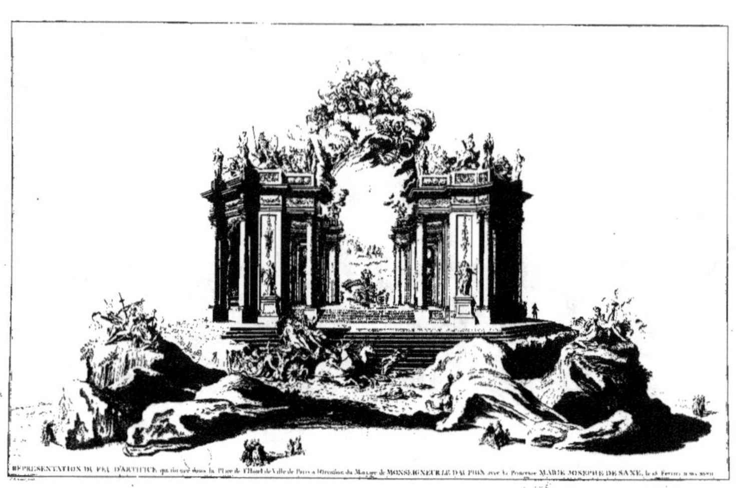

REPRESENTATION DU FEU D'ARTIFICE qui fut tiré dans la Place de l'Hotel de Ville de Paris à l'Occasion du Mariage de MONSEIGNEUR LE DAUPHIN avec la Princesse MARIE JOSEPHE DE SAXE, le [illegible] Fevrier [illegible]

www.ingramcontent.com/pod-product-compliance
Lightning Source LLC
LaVergne TN
LVHW020633110826
845149LV00004B/1168

* 9 7 8 2 0 1 3 5 1 0 6 2 2 *